강물

제5회 〈문학세계 작가상〉 대상 작품

고독의 절규

절집같이
홀로 앉은 가을밤에
낙엽의 낙하 소리
가슴으로
귀청 떨어지게 들리고

소리 없는 적막은
고독을 절규하는 아우성

귀뚜라미 소리
귀걸이처럼 매달리고

절집이 못 견디게 외로워서
속세로 사랑을 시주하러 나온
떠돌이 풍경 소리는

야심한 밤
내게 사랑을 염불하더라

〈문학세계 작가상〉 대상 수상 기념

강물

| 武林 신영철 제8시집 |

도서출판 천우

武林 신 영 철

- 충남 공주 출생
- 월간 『문학세계』 등단
- 제13회 〈문학세계 문학상〉 시 부문 본상 수상
- 제19회 〈문학세계 문학상〉 시 부문 본상 수상
- 제5회 〈문학세계 작가상〉 시 부문 대상 수상
- 문학세계문인회 정회원
- 월간 『문학세계』 운영 · 홍보 위원
- (사)세계문인협회 이사

시집

- 제1시집 『아침 해는 다시 웃더라』
- 제2시집 『내 안의 나를 찾아』
- 제3시집 『언어들이 피는 꽃』
- 제4시집 『공간에 두고 가는 언어』
- 제5시집 『그리움이 아프다』
- 제6시집 『흔적』
- 제7시집 『시의 풍경』
- 제8시집 『강물』

축사

김 천 우(시인 · 문학평론가 · (사)세계문인협회 이사장)

신영철 시인이 등단 입문 후 해마다 꾸준히 시집 발간을 하고 있다는 사실은 문인들에게 경각심(警覺心)을 일깨워주고 있는 퍼팩트한 계기가 될 것으로 생각한다. 신영철 시인의「강물」시 세계는 그 누구도 흉내 낼 수 없는 자신만의 독특한 개성과 인생철학으로 진솔하고 순백한 그 만의 아름답고 유일무이한 순수 서정시의 아름다운 시편들은 독자들에게 본보기를 전해주고 피폐하고 갈증 나는 삶의 산소 같은 활력소가 되고 자양분이 되고 있다. 시인이 추구하는 시적 화자(詩的話者)는 고독하고 외로운 삶의 영역에서도 은유적인 표현법과 감성적인 시적 미학이 뛰어난 언어의 연금술이 가미된 고독한 절창의 내면세계의 세레나데가 아닌가 싶다.

신영철 시인의 작품세계는 연마다 구구절절 인생무상의 애모와 그리움의 연가로 작가 자신의 삶과 투쟁속에서도 담담하게 풀어가는 사모의 정이 뚝뚝 떨어지는 언어의 순정을 고스란히 자극하고 있다는 점들이 지고지순(至高至純)하다. 한세상 살아가는 일이 천층만층구만 층의 업장(業障)이 곁들어 있음에도 불구하고 그만의 확고한 시인의 정체성은 이미 정평이 나 있을 만큼 중견 문인으로 자리매김하였다. 주로 사용하는 언어의 구사력도 예사롭지 않을 만큼 시인의 뜨거운 문학에

대한 열정의 온도는 펄펄 끓어오르는 분화구(噴火口) 같은 능력의 소유자라 할 만큼 그 어떤 고난과 병마(病魔)에도 거뜬히 기적을 일구어낸 장본인이며 현역 작가들의 로망인 문학세계 작가상에서도 당당하게 수상을 하였으며 문인으로서 수려한 진면목(眞面目)과 인생철학이 사물을 관철하고 치환(置換)해 낼 수 있는 그만의 무서운 초능력(超能力)의 표상이 인생 지향점의 커다란 원동력(原動力)이 되었다고 하여도 과언이 아니다.

신영철 시인의 작품집을 읽으면 읽을수록 잔잔한 감동, 감화를 주는 시적 더듬이가 남다른 장점이 있다는 점이 지금까지 사랑받는 시인으로 우뚝 설 수 있는 계기가 되었다. 신영철 시인의 노련한 작품성은 창작의 기법도 신선하고 율격의 문학성을 잘 살려낸 은유와 직유를 넘나드는 시인의 미래지향적인 시 세계가 기대되는 바이다. 또한 만인들에게 인정받는 시인으로 손색이 없으며 사랑받는 시인으로 꽃피고 새 노래하는 춘절을 맞이하여 영혼의 순례자이며 문학세계를 빛내주신 보배로운 시인의 시집 발간을 진심으로 축하하며 해마다 출산하는 건강한 산모의 특별한 건강과 샘솟아나는 건필을 위하여 기도하고 응원한다.

제1부

바람의 입술

제2부

별이 별을 세고

제3부

우주에 눈동자

제4부

더 많이 예쁘다

제5부

아름다운 망상

제1부

바람의 입술

꽃을 따는 비

보슬비가
꽃을 따는 빗소리 바람에 날고
떨어진 꽃향기 줍는 빗방울이
땅에다 꽃씨처럼 향기를 심고

저녁연기처럼 하늘 가는
오늘을 보내기 싫어
시간을 전봇대에
전깃줄로 칭칭 동여매는

빗소리 바람 소리

제주도 못 가본 새

봄이면 부지런한
민들레 피는 양지쪽에
노랑나비 쉬어 가는
행복한 날에

파란 하늘을 올려다보니
비행기가 제주도로
꽃바람 실으러 가고

따라가던
제주도 못 가본 새
애달프게
점점 멀어져 가네

단골 방 카페

달빛이 밤마다
찾아오고
창가로 별빛이 소곤대는
단골 방 카페

단골손님
천사가 커피 마시러 오면
천사의 언어를 빌어
시 한 수 써 놓았더니

천사의 시 읊는 소리
커피 마시러
나비처럼 찻잔에 앉았네

아름다운 이념

아름다운 생각에
마음 고와지면

꽃길에서 오묘한
시어들을 주워다가
주렴 엮어서
달 밝은 밤 창가에 걸어두고

님 오시는 날
향수 젖은 커피 한잔 준비해야지

풀벌레들이
노래하는 밤에

바람난 새소리

산 밑에 강물이 흐르고
물소리 바람 소리
아우라져서
맴돌다 가네

술 익은 내음에

술 취한 바람 나그네
바람난 새소리
산길마다
소문을 놓고

삶이 번거로워
구름 속에 던져둔 고독은
외로운 산길에 꽃이 되어

계절이 가네
사랑도 가네 나도 가네

낙산사

푸른 물 구비 돌아
낙산사로 밀려오는 파도 소리
천 배 만 배 파도가 절을 하고

층층 계단 오르는
물소리 바람 소리

마중 나온
풍경소리 염불소리

매화 향기

3월 하늘에는
매화꽃 보러 해가 뜨고

밤이면
둥근달이
매화 향기 만지러
달 깃을 여미고

나비의 몸짓으로
매화꽃 가지에 앉았네

바람의 입술

나비 바람이
꽃술을 흔들어
떨어진 향기 물고

파름한 하늘길을 들춰내어
꽃구경 나온
천사의 고운 웃음을
매만지는 바람의 입술

경주 백마

바닷물이
러닝머신 걸어가는
해안 길
서귀포 칠십 리

황혼도 길이 멀어
파도가 가다 말고 오다 말고

일어섰다 넘어지고
넘어졌다 일어서는
칠전팔기 물 부서진
수정 보석 길

경주 백마가 달려오는
서귀포 칠십 리에
노을빛이 곱다

봉선화

초록빛 더위 먹은
여름날에

팔자 좋은 매미
나무 그늘에 앉아
더위를 뱉어내는
매미의 절규

낮달 그늘에
들고양이
귀청 떨어지고

울 밑에 봉선화는
귀가 저리도록
씨받이 귀걸이 되어
귀에 걸렸네

*봉선화씨는 귀걸이처럼 생겼다.

인생이 저무네

강둑에 앉아
흘러가는 강물을 바라보며

내가 흘러가는 심안에
종이배 접어 띄워놓고
잡다한 마음 노 저어 가면

강 건넛마을마다
노을빛 부신데

밥 익는 저녁연기
인생이 저녁처럼 저무네

모란은 지리

갈맷빛 풋내 나는
계절에
시 쓰던 밤은 비가 내리고

해종일 모란이 피던
강 건넛마을에 불빛은
수부룩이
강물에 꽃등 켜 놓고

모란을 불러
동무하다가

모란은 잠이 들고
강물에 꽃등은
비에 젖은 여인

날이 새면
아마도
내 창가를 지나가는
비에 젖은 여인의 구두 소리

속세는 잠이 들고

삼복더위가 울고 넘는
깊은 밤 풍경소리

속세는 잠이 들고
고적한 달빛은
명상에 드는구나

어디선가 밤새 우는 소리에
산천이 꾸벅 졸음 조는 사이
하루는 호젓이 밤길을 떠나고

목탁 치며
염불하던 계절은
무심으로
면벽하는 수도승이 되었네

행복 이상 없음

오늘도
산다는 수고로움에 행복
별이 빛나는 밤

하루 영혼이
저녁연기처럼 별나라 가는 밤

오늘도 멋진 하루
찬란한 별빛 바라보며
별을 헤다
잠이 드는 밤

오늘도
행복 이상 없음

선 새벽

선 새벽이슬 털며
목마른 오늘에 꿈을
파랗게 적시는
희망찬 산책길에

산길 저만큼
내 오늘이
야생화 꽃이 피고 있네

까꿍 달빛

장마 구름 들추고
까꿍 달빛이
비가 오나 안 오나
빼꼼히 내다보다가
비구름이 덮어버려
칠흑 같은 밤

스탠드 달빛은
컴 창으로 말똥 밝아서

잠을 떠돌던 빗소리는
첫닭 우는 소리에
내 창가를 지나가고

흠뻑 젖은 고독은
내 마음을 구적구적 적시네

새가슴

먼 산에 바람개비
안개처럼 피고
꾀꼬리 소리
송홧가루처럼 날리면

깊은 골짜기
애타게 짝 부르던 산새 소리
하늘 솟는 옹달샘을 만나
물을 찍어
고개를 쳐들고 하늘을 마시더니

좁은 새가슴
하늘 가슴 되었네

일광욕

바닷가 모래밭에
진주조개가

주름치마 들쳐
속살 꺼내 놓고
일광욕을 하는데

흉물 맞은 게 한 마리
집게발 들고
엉금엉금 기어 온다

장마 전선 1

앞산을 업고
산모랭이 돌아가는
빗줄기는
장마 전선이
휴가라도 받은 날인지
비가 깜짝 멈추고

뻐꾹새 소리는
날 갰다고
구름을 들치고 햇빛을 꺼내
밝은 하늘로
숨은 낮달을 찾아
가도 가도 하늘길은 멀어라

장마 전선 2

아직 잠이 덜 깬 새벽인가
시계 없는 초저녁인가
내 방을 들여다보는 빗소리에
밖을 내다보니

병아리 품은 어미 닭처럼
애호박 품은 호박잎
장마 전선에서 쏜 총알이
억수 장맛비 퍼붓고

내 흘긴 눈총으로
땅바닥에 쓰러지는
점령군 장맛비

언제쯤 평화가 올는지
전쟁 속에
일기 예보 기자만 바쁜 날

7월

7월이 나를 들여다보고
까꿍
첫인사를 하길래
창문 열고 내다보니
울 밑에 봉선화가
오늘은 분홍빛이란다

아침 참새
기분 좋은 카톡 소리
반가운 하루가 열리고

망초 꽃 내음에
짙은 향기 하얗게 피어있는 길로
소풍 길 마음 부시게
지금을 떠나자

서둔 걸음 김밥을 싸서
배낭에 메고
새들이 부른다 어서 가자
지금이 늦기 전에

세월은
집에다 매어놓고

가시거리

장마가 깨끗이 씻어놓은
개울가 자갈밭에
햇빛이 앉아

햇살로 낚싯대 드리우고
세월을 낚는 중에
하루의 대어를 낚고

돌아가는 노을길에
마중 나온 초승달과
낮과 밤을 임무 교대로
밤 문을 열고 어둠 속에
별나라

잡힐 듯 잡힐 듯 아지랑이처럼
가시거리
가도 가도 가시거리

장마

장마철에 햇빛은
보물 같아서
아껴놓은 하루가
장마 구름 비껴가는
뻐꾹새 소리
눈부시게 반짝이는 한나절

우산 없이 나갔다
갑자기 쏟아지는 장맛비에

잠시
장마 구름 들추고
번갯불 햇빛에
비 맞은 중처럼
구시렁대는 비둘기 소리

개울가에 묻은
부모 죽은 묘가 떠내려갈까 봐
청개구리 통곡하는 개울가

봉선화씨

여름날
울 밑에 봉선화가
하도 따분한 날에

씨받이로 귀걸이 만들어
귀에 걸고

혹여
님 오시려나 기다렸더니
바람에 소문을 듣고
사랑할 줄 아는 비가
소나기처럼 사랑을 퍼붓다 가면

애달프게 그리워라
분홍빛 봉선화 연정

연못 지킴이

깊은 골짜기
소리 없는 아우성

낙엽이 허공을 철새처럼
날아와
호젓한 연못에
오리 떼처럼 둥둥 떠가고

연못가에 물버들은
가지 손을 뻗어
물에 빠진
제 그림자를 건지려다
저도 빠져
영원한 연못 지킴이 되었네

바닷가 모래밭

바닷가 모래밭에
바람의 발자국을 줍느라
햇빛이 고요하고

갈매기는 파도 소리
물어 나르면

모래밭에 게 한 마리
집게발로 파도 소리 물고 가네

제2부

별이 별을 세고

낙엽의 묘지

삭풍이
나뭇가지에 얼어붙기 전

바람의 공원에
나뭇가지 흔드는
바람의 요령 소리

벤치에 앉은 낙엽이
땅바닥에 떨어져
말로에 숨소리 멎을 적
눈이 내리면

낙엽의 공동묘지 되어
봉분 없는 하얀 낙엽의 묘지들

한 줄기 바람

너는 왜 거기 앉았니
노랗게 차려입은
산국 향기야

수줍은 가을 여정
꽃 깃을 여미고
향기 꽉 찬 고요한 산천에

누가 오길래
하루 종일 기다리는 손님

너의 향기에 반해
너를 소낙비처럼 사랑하는
한 줄기 바람이었구나

보았노라

아따
저 꽃 좀 보소
산에 들에 티 없이 맑은
보배로운 하얀 들국화

햇빛이 소유하고 싶어
날름대고

바람은 유혹에 빠져
묶어진 연줄처럼
국화꽃 언저리
거기서만 맴맴 도네

나는 보았노라
발레 추는 소녀 같은
꿈에서도 못 본 님을 보았노라

무한 천 리

날개옷 곱게 입은
선녀 같은 나비야

훨훨 날아서 어디로 가니
꽃이 지는 계절에
슬픈 이별로

낙엽처럼 날아서
무한 천리 방랑길
영혼이 나비 바람
나그네 되었구나

10월이여 안녕

10월이 막차 타던 날
이별 슬픈 부산정거장

잘 가세요 잘 있어요
바람 찬 코스모스 철길에

플랫폼으로
배웅 나온 11월이

노란 손수건 흔들며
안녕 안녕
10월이여 안녕

구절초

상서로운 보랏빛
구절초 향기가
안개처럼 서려 있는
신비로운 꿈의 나라

가을이 타고 가는
구름을 불러
바람의 보금자리 거기서
내일을 꿈꾸는
꿈 많은 오늘이 저물고

서쪽 하늘 초승달이
실눈 웃음 찰나의 이별은
또 하루가 눈을 감네

언어 인문학

가을밤
하늘 천사가
달빛하고 마주 앉아
천국의 커피를 마시며
주고받는 언어 인문학 하나

별똥별로
지상에 소문을 내려놓으면

물소리 바람 소리
시 쓰다 가네

도랑물 나드리

우산 쓴 가을비가
나와 바닷가
소나무 숲길을 걸으며

내가 남기고 간
발자국을

우산 추녀 밑으로
떨어지는 낙숫물이 따라오고
나는 비에 젖은 파도 소리 들으러
빗물이 흐르는
도랑물 따라 바다로 간다

님의 초상에 울고

바람 부는 날
코스모스 꽃대 위에는
고추잠자리 시소 타기 하고

달빛이 고요를 점령한 풀밭에
귀뚜라미 님의 초상에 흐느끼네

외로운 고독을 절규하는
세월이 쓰고 버린 계절이
달빛 그늘에 잠들고

별을 세는 침묵이
잠들 때쯤
새벽 샛별이 눈을 감네

가을이여 안녕

파란 가을 하늘이
내 눈까풀을 열고
가슴으로 들어와
마음이 파랗게 넉넉해지면

가을이 준 축복으로
청순한 오늘을 매만지며 살자

그렇게 살다 살다
살고 싶은 만큼 못다 살았는데
가을이 떠나가면

고요로운 달빛 밟고
처음처럼 왔다가
정든 이별처럼 떠나가는
계절이 서글퍼

안녕 안녕
가을이여 안녕

세월이 저무네

내 눈은 우주의 눈동자
윤슬 위에 월몰하는
보름달이 내 눈 안에 잠들고

하늘에서 낮잠 자던 별들은
야외무대 풀밭에다
조명 불 밝혀 놓고

귀뚜라미 전주곡으로
이별의 부산 정거장 기타 치면

메밀꽃 은하 강에는
종이배 타고 건너다니는
풀벌레들의 노래
은하 강나루에 세월이 저무네

쪽 달

저 산 너머 고향 집 마당 가에
단풍잎이 님이 보낸 엽서처럼
고운 몸짓으로 날아오면

잃어버린 한쪽 달을
찾으러 간 반달은
한쪽 달을 찾아
머리에 이고
어디쯤 오고 있을까

저녁 어스름을 헤치며
해넘이 새
귀촉도가 울면

한가위 명절 쇠러
마당 가 싸리문 열고 오시려나

으악새

세월이 쓰고 버린
계절을 주워서

가을은
백발 머리 억새꽃
오서산 상상봉에 피워놓고

하늘을 오르려고
비상하는 새처럼
하얀 날개 치며
하늘을 오르나 했더니

왔다 갔다 바람에
그네뛰기만 하는구나

메밀 꽃밭에서

빛 고운 하얀 얼굴에
갈맷빛 차려입고
가을 마중 가나

저 산 너머에
꽃단풍 곱게 물들 무렵
화전 밭에 메밀꽃 피고
찌르레기 울면

달 밝은 밤
메밀 꽃밭에서
찌르레기 독창회
피리 소리

풀밭에 소주병

풀밭에 먹고 버린
소주병 하나

풀벌레 소리 드나들다
바람에 실려 하늘 가더니

달빛 밟던
귀뚜라미 색소폰 소리에

별똥별이 소곤대며
자꾸자꾸 떨어지네

서도역

혼불이 빠져나간
서도역에는
대합실은 있는데
열차를 기다리는 손님은 없다

철길은 있는데
열차는 여태껏 오지 않고

시간표는 걸려 있는데
기차는 오리무중 연착 중이다

지나간 세월을 찾으러 온 사람들이
먼 옛날이야기를 카메라로 찾느라
바쁜데

혼불이 빠져나간 서도역
세월을 데리고 가는 바람만 부네

별 중의 별

눈꺼풀을 열고
좁은 눈 안에서
넓고 넓은 밤하늘을 꺼내
많고 많은 별 중에
별 하나가 내 눈빛과 마주하면

그것은 외로운 내게
인연이라서
밤마다 너를 만나 정이 들어

예쁜 낙엽 한 입 주어
그리움이라 적은 엽서
너에게 날려 보낸 그 밤에

견우와 직녀가 만나는 꿈을 꾸었지

별이 별을 세고

고요로운 가을밤
눈 뚜껑을 열고
우주를 꺼내 놓았더니

거기는 우주 쇼를 하는
별들의 나라

몇 시인지 손목시계가 없어
좀생이 별이
중천에 기울 때까지
우주 쇼를 보던 밤

별이 몇 개인지 몰라
별이 별을 세고

별이 고향을 몰라
별이 별을 점을 치는 밤

내가 누구인지 몰라
별에게 점을 치다가
배꼽시계가 허기져
잠이 들던 밤

산책길

새 가을날
새벽 새바람이
반겨주는 산책길에는

새벽 샛별이
풀밭으로
이슬 되어 내리고

어젯밤에 찾던 시어들은
서역 만 리 걸어온 하현달로
새벽빛에 지워지고

귀뚜리 소리
하현 달빛 따라
새벽길 떠나가네

빗줄기

바람에 실려 가는 빗줄기
산모랭이를 돌아
들녘 길에
벼 이삭을 어루만져 고개 숙여 놓고

신작로 길에 자동차를 쫓아가다가
뒤떨어져 도랑물 되어 흐르더니

밤나무밭으로 가
알밤이 툭 하고 떨어지는 소리에
빗소리가 어린 내 울음처럼
뚝 그치고

까꿍 햇빛이 구름 사이를
내다보다가
서둔 걸음 비 쫓는 뻐꾹새 소리
간신히 잡아 놓는다

삐딱 바람

해바라기 고개 숙인 쪽으로
하루해가 저물고
가을 묻은 바람이 불면

바람 욕으로
서늘히 식어 가는
해넘이 코스모스 꽃밭에

시리 죽은 더위는
비틀거리고
아침저녁 더위가 어긋난
삐딱 바람은

코스모스 꽃을 타고
그네뛰기만 하고 있구나

잠자리네 꽃집

코스모스 꽃밭에
잠자리가 바람을 물어다
흔들리는 코스모스 꽃집을 짓고

시소 타기 놀이하는데

구름 그림자 왔다 가고
잠자리비행기 그림자
잠시 동무하다 가네

가을 단상

바닷가 모래밭에
러닝머신 파도가
백사장을 거니는
여인의 발등을 삼키고

조리질 파도에 밀려온
말똥게 한 마리
소라 껍데기에
숨어있는 가을 묻은 바람 소리
집게발로 꺼내
가을 단상에 날리면

삼복더위 벗은 여름은
시린 바람으로 식어만 가네

단풍에 물든 풍경

단풍으로 물든 풍경
우주의 작은 별 하나
발밑에 내려놓고

그리움 보고픔 낙엽 편지
푸른 하늘 들추어
뻐꾹새 소리처럼 날려보다가

흰 구름 타고 임 찾아가는
꿈이라도 꾸어볼까 서두르다가

하늘가 언저리 작은 별에
잃어버린 사랑 하나
서둔 걸음으로 간신히 잡아놓는다

왜냐하면
사랑의 고운 시를 가르쳐 준
그 사람이 너무 보고 싶거든

내 비밀 하나

가을밤
적막을 깨우는 바람이
내 가슴에 비밀 하나 들춰내면
누군가에게
다 털어놓고 싶은 가을이다

서리 내리는 차가운 밤에
아무도 없이

때로는 별들도
외로움이 되고 친구가 되고
사랑이 되어
감춰진 내 비밀 반짝거린다

오늘 밤은
외로울 줄 아는 별 하나
내 방으로
커피 마시러 가만히 떨어진다

향기 짙은 산국

작은 꼬마 요정
산국 향기야

그 작은 몸에서
뱉어낸 향기는
세상을 꽉 채우고도 남아

바람을 불러
흔전만전 퍼 주었더니

산길마다
꽃향기 소문을 놓고 가는
천 리 길 바람 나그네

제3부

우주에 눈동자

때늦은 백설

인천 국제공항에는
제주도에서
비행기 따라온 바람에서
봄내가 나더니

말로의 겨울은
악쓰고 눈이 내리고

봄내 나는 바람은 춥다고
문틈을 드나들더니
아랫목 무릎 이불 속에 숨고

때늦은 백설은
땅을 치며 통곡하네

하얀 꼬마 천사

눈 비 내리는 썰렁한 마음

사랑하는 일은
삶에 꽃을 피우는 일이라고
생각 속에 꽃 한 송이
얼마나 존재의 위로이랴

소록소록
하얀 눈
꼬마 요정 천사가 내리면

천사의 마음을 빌어
누군가를 그리워하자
그리움도 사랑이니까

우주에 눈동자

창문을 열면
써늘히 찾아온 겨울바람

반길까 말까 제쳐놓고
딴전 보다가

눈 뚜껑을 열고
우주를 담았더니

온통 내 작은 눈은
별 밭이 되어

별꽃 찬란한
내 집 안마당이 되었네

고요로운 호수

고요로운 호수에
겨울이 앉아 있고

호수에 떨어진 낙엽들은
오리 떼처럼 동동 떠가고

흉내 내는 오리 떼
오리발 물속에 감추고
낙엽처럼 떠간다

군소리

어제를 잃어버리고 내일을 찾으러
오늘을 삽니다

젊으나 젊은 시절을
맵시 나게 살고 펐는데

세월은
오동잎이 떨어지고

시리도록 아프게 아프게
구름 속에 던져두었던 추억들은
백설로 군소리 없이 내리네

애라
나도 어차피 가는 거
군소리 없이 가자
세월이 짧건 길건

침묵

고귀하게 푸른 하루가
한나절 고개를 넘어
석양 길에 노을빛이 고운데

하루 이별의 해님이 새가 울면
서산마루에 초승달이
빼꼼히 찰나에 섭섭히 지고

내 창가에
나를 만나러
별들이 다투어 아우성인
소리 없는 절규

내 외로움을 던져주고
고독의 친구가 되었더니
나도 별이 되라 하네

어긋난 시어들

세상은 쥐 죽은 듯
적막한 밤

달빛 별빛도
구름 속에 잠이 들고

전등불 침묵 속에
언어 맞추기 놀이하다가

컴 창에 손가락 걸음걸이
기러기 떼처럼 날아가고

어긋난 시어들은
유리 벽을 들락거리다
까만 침묵 속에 잠겼네

눈물 젖은 달무리

사람들이
타고 버린
재활용 버스를 타고

흔들리는 차창 너머로
눈이 보고 버린
그림책을 읽어보니

눈이 올 나 나 비가 올 나 나
근심 어린 눈동자
햇무리 우울한 가슴

주머니 속에
꼬깃꼬깃 접어 넣고
먼 산을 본다

귀촉도 울음 뒤에
눈물 젖은 달무리

잔뜩 애달픈 밤

겨울 삭풍이
나뭇가지에 얼어붙기 전

오고 싶은 하루가
가기 싫어
가지를 붙들고
통곡하는 바람의 울음소리

하늘 나그네 달빛도 가기 싫어
바람과 달빛이
하늘 끝 땅끝 아우라져서 만나
눈물이 글썽 달무리로 울고

시 쓰던 밤은
시어들이 강물처럼 얼어붙어
잔뜩 애달픈 밤

나머지가 있는 시

나는 무학으로
스스로의 시를 썼다

남들의 시집을 보고
그렇게 하고 싶어
그 서식을 흉내 내며 시를 썼다

안개 낀 거리에서
보일 듯 말 듯
이미지를 남겨둔 채

초보자가
미숙한 연습으로 써 놓고 보면
무엇인가 모자라
채우고 싶은
나머지가 있는 시를 썼다

저 하늘에
파랑새가 날아갈 때까지

인생 노을빛

기다리는 것도
바라는 것도
무덤덤의 시간이 흐른다

오늘도
노을빛으로
물 들여진 돌아가는 거리

찌들고 지친 육체 위로
허기진 웃음이
배고픈 그리움과
마주치는 술잔에

생~산다는 하루의 노래
비둘기 울음만 들리고

인생 여정의 노을빛
화려하게 아름답기만 한데

오늘도 내 컴상에 고운 달은
보이질 않네

나도 그렇다

노을은
날마다 새로운
어느 화가의 창작품이고

그 창작품은
아무리 아름다워도
미완성이다

어제도 그렇고
오늘도 그렇고

나도 그렇다

늙은 갑진년

11월이 막차 타던 날
정거장에는 눈이 내렸지

11월을 배웅하고
집으로 돌아오는 문밖에는

늙은 갑진년이
나를 마중하는
하루가 저물면

해님이 새 귀촉도 울음 뒤에
11월이 차마 눈을 감네

하늘아 하늘아

하늘도 흘러가고 싶어
강물에 내려앉아
같이 흐르려고 애를 써도
매정한 강물은 저만 흘러갑니다

그래도
조각구름 돛단배 타고
쫓아가도 못 가고
어쩌라고 나만 쫓아옵니다

하늘아 하늘아
나 쫓아오지 마라 늙는다

손때 묻도록

그리운 영혼들이
하얗게 내리는 아침 풍경

눈이 오는 날은
아침부터 고적해서

구름 속에 묻어둔
고독이 하염없이 내리는 심안에

여름날
길가에서 만난 꽃 한 송이
첫사랑 추억처럼
그리운 눈이 내리는 오늘을

꼬깃꼬깃 주머니 속에 접어 넣고
손때묻도록 매만지는 그리움

겨울 강

세월처럼 흘러가는 강물은
사람은 왜 늙는지
알아도 모른 척 그냥 흐릅니다

세월만 먹고살던 강물은
세월이 얼어붙어

내리는 눈을 먹더니
먹어도 먹어도 허기져서
강물이기를 포기하고
얼어붙었습니다

사람처럼 늙지 않으려고 멈췄습니다

밤 안갯속에
가로등이 불 밝히고 보고 또 봐도
늙지 않으려고

꽁꽁 잠이 들었습니다

꼬마 소년

눈이 내리면
뜀박질하는
필통 속에 몽당연필
달그락거리는 소리
들리는 학굣길

깊은 밤
깊은 심연에 잠기어
불러보는 대답 없는 그리움

보이네
눈이 오는 학굣길에
초가삼간 아랫목에
화롯불이 그리워서

꼬마 소년
빨라지는 발작 소리
귀를 막아도 들리고
눈을 감아도 보이네

바람이 우네

인적 없는 깊은 산사에
눈이 내리면

석탑 위에는 흰 눈이
층층 쌓이고

불 꺼진 석등에는
목탁 소리 밤새 염불해도
석등은 켜지지 않네

법당에는 촛불이 밤새
가물가물 목숨을 지키고

밖에는 설한풍에
백설만 오락가락

목숨을 지키고

인적 없는 깊은 산사에
눈이 내리면

석탑 위에는 흰 눈이
층층 쌓이고

절 마당에는
불 꺼진 석등이
산사는 딴전 본채
눈 감고 밤만 지키네

법당에는 촛불이 밤새
가물가물 목숨을 지키고

밖에는
하얗게 내리는 눈을
눈 감은 석등이 더듬더듬
매만지고 있네

바람의 놀이터

눈 내리는 풍경
바라보노라면

하얀 꼬마 요정
천사가 내리는 창가로

묵계의 멜로디가
눈시울에 젖어
들려오는 귓가에
매달린 고독이
침묵으로 잠들고

바람의 놀이터에는
백설이 허공을 채우네

오리무중

바닷가 눈 내리는 풍경
그림 같은 동영상

그리워라
두고 온 시절
눈보라가 찾아가는 거기
오리무중 소식이 없네

요람 소리

들길을 가던 날이
말라죽은
풀잎들에 장사 날이라
죽은 풀잎들을 끌어 묻는
백설이 내리면

봉분 없는
풀잎에 하얀 묘지들

풀잎 초상에
하루 종일
서럽게 우는 바람의 요람 소리

눈 내리는 풍경 1

눈 내리는 풍경
바라보노라면

하얀 꼬마 요정
천사가 내리는 창가로

묵계의 멜로디가
눈시울에 젖어
들려오는 귓가에
매달린 고독이
침묵으로 잠들고

바람의 놀이터에는
백설이 허공을 채우네

눈 내리는 풍경 2

산골짜기 두꺼비가
동 잠자러 갔나 했더니
연못에 입 벌리고 엎드려

내리는 눈을
혓바닥으로 날름날름
파리 잡아먹듯
떠 꿈 떠 꿈 잡아먹고 있네

연못 가에 물버들은
가만가만
배 터지게 눈을 받아먹고

눈 안갯속에 높은 산은
내리는 눈을
하늘이 닿도록
높이 높이 쌓고 있네

같이 가자 하네

겨울이 꽁꽁 얼어붙은
말로의 잎새 하나
눈 속에 잠들고

삭풍이 큰 칼 빼 들고
전쟁놀이하는
바위산 절벽에

나이 백 살 다박 소나무가
하얀 눈꽃 피어 놓고

바람에 가는 백설을 붙들고
같은 끼리 동무 삼아
같이 가자 하네

거미줄 기타

태백산 봉우리
하늘이 무너져 백설로 내리고

더 많은 관광객은
울긋불긋 겨울 단풍 들었네

벌거벗은 나무들은
하얀 솜바지 저고리
겹겹이 껴입고
천생화 눈꽃을 피울 적

바람이 거미줄 튕기는 기타 소리
매만지는 감미로운 산새 노래

곱은 가슴 언 발은 얼어붙을까 봐
하산길에서
발장구치고 있네

제4부

더 많이 예쁘다

그 목소리

늘 보내주신
커피잔을 매만지는
감미로운 입술

은혜로운 축복이
눈처럼 내리는
고요로운 창가에
단골 카페 방으로
하늘에서 들려오는 신의 목소리

그리워라
잊지 못할
그 목소리

갈매기 발 글씨

바람이
햇빛을 줍는 백사장에

갈매기 연인들이
데이트로 걸어간
모래 위에 발자국 글씨

사랑한다 써 놓고
끼룩끼룩 갈매기 언어로
소리 내어 읽으며

바다 쪽으로 날아갔다

잠재된 언어

잠재된 내 안에
고운 언어들을 들춰내어

알록달록 시를 엮어서
창가에 걸어놓고

행여 창문 넘어오는
달빛처럼 님 오시려나

바람 소리에도
마음 설레는 밤

선물 받은 언어

문학세계에서
선물 받은 언어들로
맵시 나는 하루가 비가 내리네

얌전히 다정한
언어들을
살살 매만지는 빗소리

빗속에 여인처럼
아까운 하루가 멀어져 가네

그리운 사람아

아늑하고 고요한
내 방 창가에

하늘에 별빛이
눈시울에 아롱아롱 다가서는
눈빛 고운 가을밤에
내 마음 곱게 물들고

생각이 아름다운 밤
나도 아름다워져서

지나간 어제가
깨고 난 꿈길처럼
아쉬움이 서러워
불러본다
그리운 사람아

비 오는 날의 오후

오늘을 살고
내일을
다정히 불러보는
비 오는 거리

우산 속 카페에서
만난 사람 상상 속에 못 잊어

향수 젖은 빈 잔에
그리움을 채우는
비 오는 날의 오후

걸어가는 카페

비 오는 카페
우산 추녀 끝에
낙숫물이 떨어지고

걸어가는
셀프 배달 커피를
우산과 다정히 마시며

빈 잔에
고독을 한가득 채웠더니

고독한 여인이
따라오는 우산 추녀 밑에
낙숫물 구두 소리

비 오는 날에 길동무
절대 외롭지 않네

물에 비친 반달

둥근달이
한쪽을 잃어버리고도
예쁜 너는
하늘 선녀 족속인가 보다

깊은 산속 선녀탕에
날개옷 벗는 소리
속살 다 보이는 너는

물속에 비친
반달이었구나

퍼뜩

신의 울림으로
언어 창작 한 문단을
받아 적어 놓고

언어 맞추기 놀이 하다가
퍼뜩
어 이것이다

보배로운 시 한 수
선물을 받았더니
설레는 심장 꽃이 피네

내 사랑 꽃이 피네

풀잎처럼 울었다

보름달
얼굴처럼
마음 고운 너는 하늘에서
나는 지상에서
눈짓으로 만나

너 외로울 때
나도 외로웠고

너 슬픈 날
나도
풀잎에 밤이슬이
눈물방울처럼 울었다

도깨비 바람

강물 위를 지나가도
바다 위를 지나가도

발자국은 보이는데
물에 비친 그림자도 안 보이는
네 이름은 바람

봄 나비의 몸짓이었다가
뒤집어진 우산이었다가

들녘에 뱅글뱅글 도는
낮도깨비 해오리 바람이었다가

얼음판에 미끄러져 넘어진
귀신 씻나락 까먹는
앓는 소리였다가

창가를 지나가는 밤비 소리
고독이 우네

동그랑땡

아름다운 사랑은
매력이 씨앗
내리는 눈 속에 심고

동그랑땡
새벽 종소리가
눈처럼 하얗게 내리네

일요일 새벽
새벽 별이 십자가에 빛나고
별을 따 내리는 종소리가

펄펄 화이트 크리스마스처럼
종소리 내리네

난초

푸른빛 싱그러운 난초
유선형 곡선으로
휘어진 신비로운 이파리는
보배로운 여인의 속눈썹

서산 노을이 지는
초승달에 실눈 웃음

옛 선비들이 반해
관상용으로 묵화 치던 난초

보면 볼수록
신비로움에 빠져드는
사시사철 변하지 않는
영원한 일편단심

한 송이 꽃

사랑 먹은
눈빛이 반한
한 송이의 꽃은
첫사랑 같은 것

내 앞에
한 계절을 예쁘게 피었다가
그리움 남겨두고
첫사랑처럼 가버린 꽃

두고두고
그리움이 아프다

늙어버린 매력

한 해가 저무는 밤
내일은 오겠지요

항상 기억에서 지워지지 않는
은혜로운 사람

못 잊어 생각이 날 때마다
그리움이 설레는 사람
가는 세월은 너무 서글퍼

저 혼자나 가지
왜 나를 데리고 가나

울며 헤어진 한 해
아직 내일은 오겠지만
매력은 늙어버린 것을
나 어째

금빛 수채화

그리움은
굽이굽이 살아온
저녁노을 같은 것

아름다운 날들의
금빛 수채화

그리움

청춘은
나 하는 대로 따라오다
늙었습니다

한 번 본 인연인데
두고두고 생각에
못 잊어 그리운 사람
거기 두고 늙었습니다

수평선 넘어 파름한 그리움
찾아가다가

보고 싶음 거기 두고
늙었습니다

더 많이 예쁘다

꽃은
비 오는 날 더 예쁘다

울 밑에 봉선화는 씨받이
물방울 수정 귀걸이

보고 또 봐도 더 예쁘다
자세히 봐도 분명 예쁘다

*봉선화씨는 귀걸이처럼 생겼다.

정말 좋겠다

산책길에
새벽안개 들추고
아메리카노 커피 한잔 그리워서
자판기 앞에
커피 향기를 더듬어
오늘의 향기를 찾는다

안갯속 같은 오늘
커피 향기처럼
쓴맛 뒤에 감춰진 뒷맛
오늘이었으면 참 좋겠다

만나는 사람마다
커피 향 나는 사람이면
정말 좋겠다

행복도 잠이 들었네

눈 내리는 산막
아무도 없이 눈 내리는 풍경
손으로 매만지다가 곱은 손
주머니 속에 넣고
따스한 행복을 매만지다가

눈 속에 길을 잃은
바람의 해금 소리에
침묵은 눈 속에 잠이 들고

주머니 속에
곱은 손
따스한 행복도 잠이 드네

감미로운 하루

감미로운 오늘 하루도
해는 저물고

밤은 시선을 붙들고
별 따러 가자 하네

스탠드 달빛 고요한 밤
빈 커피잔에
어긋난 언어들이 소란하고

잠은 침묵 속에 소리 없는 아우성
적막이 깊어가는 밤
차라리
별 따러 나 갈걸

아낌없이 저물면

고귀한 하루가
아낌없이 저물면
얌전한 달빛이 햇빛 들러리 나서고

밤길마다 가로등은
달빛 들러리 나선 길에

눈 창을 열고 내다보니
우주에 별들이
온통
눈시울을 스쳐 간다

산다는 것은

커피 물이 뽀글뽀글 끓는 소리에
밖에서 내리는 눈이
들여다보고
창가로 다가서면
퍼뜩 스쳐가는 생각에

사랑하기가
얼마나 그리움의 아픔인지
산다는 것은
사랑이고 그리움이라

삶은 참고 견디는 것

독백

내 팔자가
막가다 43년에
꿈에도 못 본
시인이 된 것은
수학이 아닌 철학이라
잘 모르겠다

하얀 마음 하얀 미소 카페에서
들려오는
신의 울림을 받아 적은 것이

문학세계에서
시로 이름 지어
마빡에다
문패 달아 주더니

어리둥절
정신 줄 놓고
하늘만 보네
위대하신 하늘이시여

그리워하리라

사랑 사랑은 주는 것이지
받는 것이 아니라기에

사랑하는 이를 만나면
내 마음 아낌없이 주고 싶어

두고두고 후회 없이
마음 바쳐 사랑하리라

저 하늘에 빛나는 별처럼
밤마다 못 잊어 그리워하리라

길에서 주운 행복

긴긴 겨울밤 바람 소리
고독이 울고

홀로 앉은 절집같이 적막한 밤
불빛을 눈시울 이 삼키어
반짝반짝 빛나는 눈동자
잠은 멀리 새벽길을 떠나고

퍼뜩
계절이 오고 가는 길에서 만난
모란꽃이 첫사랑처럼 그리워라

생각이 나갔다
방으로 돌아오는 창가에서
떠오른 감미로운 생각에
행복해하자

제5부

아름다운 망상

강원도 태백

강원도 그 산골에
제일 높은 도시 태백은

하늘 공원행 기차가
뒤로 갔다 앞으로 갔다
산 고개를 넘어가는
낙동강 발원지 황지 못

한때는
전국에 실업자들이 모여
석탄 캐는 광부로
보리고 개 킹킹 지고
싸릿재 울고 넘던 고갯길

백설이 하늘 닿도록 내리면
천년 고목이 죽어
하얀 영혼이 된 눈꽃들은

하늘 천사가 되었네

잃어버린 어제

잃어버린 어제가
하늘나라에서 산다는
귓불을 스치는
바람에 소문을 듣고
어제를 찾으러

깊은 골짜기 선녀탕으로
목욕하는 선녀 날개옷
훔치러 갔다가

달 밝은 밤
달그림자가 지키고 있어
얼굴 빨개졌다네

커피잔에 별

내 눈시울에는
아득히 먼 밤 하늘에
별이 다가서는 창가에서
커피를 마시면

블랙커피잔이
까만 하늘인 줄 알고
별 하나 커피잔으로 떨어지면
눈 뚜껑을 열고
눈 끔적 별을 담아다가

새벽 창가에
눈 끔적 배 터놨더니
우리 집은 별나라
거기서 내가 사네

파란 하늘

파란 가을 하늘을
눈시울이 매만지다가?
바람에 심술로
조각구름에 빼앗기고

조각구름은
비행기처럼
하늘 여행 제주도 가면

앉은뱅이
한라산이 걸어온다

노벨 유람선

노벨 유람선이
각국을 유람하다
드디어 한강에 떴다

사람들이 승선표 사러
서점으로 모여들고

서점은 한강 승선표를
하늘만큼 바다만큼 팔았다

아름다운 망상

밤을 새우고도 그 밤이 좋아
새벽 샛별이 쓰러지는 꿈속의 나라

하늘 천사 별과 소곤대는
물소리 바람 소리 해맑은 밤

아름다운 낭만이 흐르는
상서러운 보랏빛 꿈꾸는 거기

하늘 이야기
별똥별로 풀밭에 떨어지면

풀 벌레 자장가에
풀꽃들이 내일을 꿈꾸는 밤

어제는

어제는
지난밤 꿈을 주우러
포천 천우 문학관에 갔었지

인정받으려고 사는 내게
사람들이 나를
시인으로 인정해 주어
로또복권에 당첨되었지

창작

시의 창작은
자기만의 순수
참을 요구하는 언어 발명으로
자기 문패가 붙어야 한다

시는 머리로 쓰는 것이 아니라
신의 울림으로 써야 한다
세상에 영원한 생명이 태어나듯

보름달

나 홀로
스탠드 달빛 아래
밤빗소리 고독한 시어를 주우며
걸어가는 손가락 걸음걸이

창 너머에는 낙숫물 소리 따라오는
고독한 여인의 구두 소리
멀어져 가네

촛불이 울고

날씨가 울고
비바람이 풍경 때리는 소리
뎅그렁 뎅그렁
슬픔이 법당을 드나들면

밤새도록 촛불이 울고
몽당 촛대 밑에
흘러내린 눈물[촛물] 자욱이
하얀 연꽃으로 피였네

우주 쇼

그냥 풀 길을 지나가면
이 밤이 퍼뜩 아름답다
입장료 없는 풀벌레들의 콘서트

달빛 조명 아래
우주 쇼를 보는 밤

하늘은 잠이 들고
묵계로 소곤대는 별들은

풀 벌레 소리가 그리워서
별똥별로 자꾸자꾸 떨어지네

완성은 아니다

삶은
완성되지 않은 예술이다
어느 작가의 예술 작품
완벽 같아도 완성은 아니다

완벽과 완성이 있다면
인류는 종말이고

인생은
완벽과 완성이 없는 연습이다

보다 나은 내일을 위하여
인간의 욕망은 끝이 없는 과학이다

갯벌

갯마을에
철썩철썩 밤새도록 파도가
바다를 찢는 소리 들리더니

바다가 찢어져
바닷물이 다 새어 버린
갯벌에

엉겨 붙은 검은 상처
신음하는 바다
파도 소리도 떠나고

게 한 마리만 남아
집게발로
찢어진 바다를 꿰매고 있네

망설이다가

밤을 지키는 달빛
달빛을 지키는 나무 그림자

서리 묻은 바람이
나무 그림자를 밟고 서서

밤을 지키는
달빛을 흔들어 보다가

숨소리 멎은
망초대 잡고서
세월을 한탄하다가

전동 열차 떠나는 소리에
우주여행 떠나볼까
망설이다가

잠실나루

날 저무는
노을 강 잠실나루에

물에 어린 하얀 쪽 달은
나룻배처럼
강 건너가네

사공도 없이
어둠을 헤치며
눈짓으로 눈빛만 건너가네

제주도

하늘 여행 중에
바다를 불러
바다 위로

앉은뱅이 한라산이
걸어온다

골목길

은행나무에 앉은 달빛이
가로등처럼 켜지고

골목길 끝머리 우리 집
아침에 나간
텔레비전 소리 돌아와
저녁밥 먹는 소리 들리고

은행나무 사이
바람의 심술로
쪼개진 쪽 달은

별들에 콘서트 구경 가자고
창가에서
기웃거리네

가로수에 걸린 달

소리 없는 강물에
소리 없이 눈이 내리고

밤 안갯속에
말이 없는 가로등은
어둠 속에 강물이
멈출까 봐 군소리 없이 지키고

강물 쫓아가는
신작로 길은
가로수에 걸린 달이
강물은 외면하고 딴전 본채
가도 가도 나만 따라오네

멀리서 들려오는
오늘이 승차한 막차 소리
내일로 멀어지고

새벽은 가까워 오네

바닷가 경마장

파도가 사금 채취하느라
모래만 쌓인 바닷가

파도는 거기 두고
소리만 걸어가는
서귀포 칠십 리 경마장에

청마가 경주하는 풍경 바라보며
응원하는 갈매기가
소리소리 지르네

*파도는 청마가 달리는 풍경.

울면 뭘 해

오늘을 이별하고
돌아서는 발길 울지 마라

세월은 슬플 줄 모르는
타고난 숙명이라서
눈물도 없더라

강물은 무덤덤이 흐르고

인생은 빈손으로 왔다가
빈손으로 가는
무소유 세월 나그네

억지 춘향 따라가는
우주의 법칙인걸
울면 뭘 해

시인 묘비

나 여기

시를 베고

그냥 누웠노라

강물뿐이더냐

흐르는 것이 어디 강물뿐이더냐

구름이 흐르고 바람이 흐르고
해가 흐르고 달이 흐르는
풍경 바라보려고

땅끝 바다 끝
두물머리서 눈 문을 열고
내다보니

꿈틀대는 바다의 목숨이 보이고
숨소리가 귀 터널을 들락거리네

살아 있는 저 거대한 목숨이여
너는 나이도 없이
언제나 청춘

자랑 마라
아직은
내게도 살아있는 고귀한
목숨이 있다

천풍

어제는 묻어두고
오늘은 즐겁게 살자

잡다한 마음
도끼로 장작 패듯 쪼개버리고
천왕봉 상상봉에 소나무처럼 살자

늘 푸른 마음
하늘 가는 천풍을 붙들고
하늘을 날아오르는
꿈을 안고 살자

숨었던 낮달을
발밑에 내려놓고
밤마다 별을 헤며 살자

아픈 마음

강물처럼 흘러온 내가
무엇을 잘못 했기에
요 모양 요 꼴로 늙었을까

강물아 너는 아니
꽃처럼 피었다가
꽃처럼 지는 날에
아픈 마음을

너는 알기에
돌아보지 않고
흘러만 가는구나

태화강 대나무처럼
늙지 않고
어제도 청춘 오늘도 청춘
그래서 날마다 청춘이구나

나는 어쩌라고

딴전 보며 살자

열심히 살았지만
결과는 슬픔이라서

산다는 것은
슬픈 천명인 줄 알면서도

더 많은 길을 늙어빠지도록
걸어왔어도
다시 사는 법을 못 배워서

그냥저냥
딴전 보며 살자

0시 빙점

얼어 죽은 오늘이
영혼의 바람으로 떠나는
요람 소리

오늘의 빙점
내일이 태어나는
숨죽이고 있는 0시

응애응애 오늘이 태어나는
울음소리에
첫닭이 울고

생일이
년과 년 일과 일 사이
0시 빙점

문학세계대표작가선 1043

강물

신영철 제8시집

인쇄 1판 1쇄 2025년 3월 7일
발행 1판 1쇄 2025년 3월 14일

지 은 이 : 신영철
펴 낸 이 : 김천우
펴 낸 곳 : 문학세계 출판부 / 도서출판 천우
등 록 : 1992. 2. 15. 제1-1307호
주 소 : 서울시 광진구 구의강변로 85 강우빌딩 7F
전 화 : 02)2298-7661
팩 스 : 02)2298-7665
http://cafe.naver.com/chunwu777
E-mail : cw7661@naver.com

값 18,000원

ISBN 978-89-7954-951-5